Любимая книга малышей

Потешки, стихи, колыбельные песенки, сказки

Художник В. Коркин

МОСКВА
РОСМЭН
2017

Потешки

Сорока-белобока

— Сорока, сорока!
Где была?
— Далёко!
Печку топила,
Кашку варила,
На порог скакала —
Гостей созывала.
Гости прилетели
На крылечко сели.
Этому дала,
Этому дала,
Этому дала,
Этому дала,
А этому не дала:
Он по воду не ходил,
Дрова не рубил,
Печку не топил,
Кашку не варил…

* * *

Идёт коза рогатая,
Идёт коза бодатая,
Ножками топ-топ,
Глазками хлоп-хлоп.
Кто каши не ест,
Молока не пьёт —
Забодает,
забодает,
забодает.

* * *

Дождик-дождик,
Полно лить,
Наших детушек
Мочить!

Дождик-дождик, пуще!
Дам тебе гущи,
Выйду на крылечко,
Дам огуречка…

* * *

Огуречик, огуречик!
Не ходи на тот конечик —
Там мышка живёт,
Тебе хвостик отгрызёт.

* * *

— Ладушки, ладушки!
Где были?
— У бабушки!
— Что ели?
— Кашку!
— Что пили?
— Бражку!
Кашка масле́нька,
Бражка сладе́нька,
Бабушка добре́нька.
Попили, поели,
Домой полетели,
На головку сели,
Ладушки запели.

* * *

Петушок, петушок,
Золотой гребешок,
Маслена головушка,
Шёлкова бородушка,
Что ты рано встаёшь,
Голосисто поёшь,
Деткам спать не даёшь?

* * *

Лю́ли, люлюшки, лю́ли,
Прилетели к нам гули:
Гули, гулюшки,
Сели к люлюшке,
Они стали ворковать,
Мою дитятку качать.
Мою милу величать,
Прибаюкивать.
Они стали говорить:
«Чем нам милую кормить?
Чем нам милую кормить,
Чем нам дитятку поить?»
…Кормить её пирожком,
Поить её молочком.

* * *

Водичка, водичка,
Умой моё личико,
Чтобы глазоньки блестели,
Чтобы щёчки краснели,
Чтоб смеялся роток,
Чтоб кусался зубок.

* * *

— Пальчик-мальчик,
Где ты был?
— С этим братцем
В лес ходил.
С этим братцем
Щи варил.
С этим братцем
Кашу ел.
С этим братцем
Песни пел,
Песни пел!

* * *

— Кисонька-мурысенька,
Ты где была?
— На мельнице.
— Кисонька-мурысенька,
Что там делала?
— Муку молола.
— Кисонька-мурысенька,
Что из муки пекла?
— Прянички.
— Кисонька-мурысенька,
С кем прянички ела?
— Одна.
— Не ешь одна!
Не ешь одна!

Тили-бом!
Тили-бом!

Тили-бом! Тили-бом!
Загорелся кошкин дом!
Загорелся кошкин дом,
Идёт дым столбом!

Кошка выскочила,
Глаза выпучила.
Бежит курочка с ведром
Заливать кошкин дом,
А лошадка — с фонарём,
А собачка — с помелом,
Серый заюшка — с листом.
Раз! Раз!
Раз! Раз!
И огонь погас!

Заинька

Заинька, войди в сад,
Серенький, войди в сад.
Зайка, зайка, войди в сад,
Серый, серый, войди в сад!
Заинька, сорви цвет,
Серенький, сорви цвет.
Зайка, зайка, сорви цвет,
Серый, серый, сорви цвет!
Заинька, свей венок,
Серенький, свей венок.
Зайка, зайка, свей венок,
Серый, серый, свей венок!
Заинька, попляши,
Серенький, попляши.
Зайка, зайка, попляши,
Серый, серый, попляши!

* * *

Сидит белка на тележке,
Продаёт она орешки:
Лисичке-сестричке,
Воробью, синичке,
Мишке толстопятому,
Заиньке усатому.
Кому в платок,
Кому в зобок,
Кому в лапочку.

Дедушка Егор

Из-за леса, из-за гор
Едет дедушка Егор:
Сам на лошадке,
Жена на коровке,
Дети на телятках,
Внуки на козлятках.

* * *

Стучит, бренчит по улице —
Фома едет на курице,
Тимошка на кошке —
Туда же по дорожке.
— Куда, Фома, едешь,
Куда погоняешь?
— Сено косить.
— На что тебе сено?
— Коровок кормить.
— На что тебе коровы?
— Молоко доить.
— На что тебе молоко?
— Ребяток поить.

* * *

А барашеньки
Крутороженьки
По горам ходят,
В дудочку играют,
Васю потешают.
А сороки-белобоки
Стали примечати,
А совища из лесища
Глазами-то: хлоп, хлоп!
А козлище из хлевища
Ногами-то: топ, топ!

Гуси

— Гуси вы, гуси,
Красные лапки!
Где вы бывали,
Что вы видали?

— Мы видали волка:
Унёс он гусёнка,
Да самого лучшего,
Да самого большего!

— Гуси вы, гуси,
Красные лапки!
Щипите вы волка —
Спасайте гусёнка!

* * *

Наши уточки с утра —
Кря-кря-кря! Кря-кря-кря!
Наши гуси у пруда —
Га-га-га! Га-га-га!
А индюк среди двора —
Бал-бал-бал! Балды-балда!
Наши гуленьки вверху —
Грру-грру-у-грру-грру-у!
Наши курочки в окно —
Кко-кко-кко-ко-ко-ко-ко!
А как Петя-петушок
Рано-рано поутру
Нам споёт КУ-КА-РЕ-КУ!

Мыши

Мыши водят хоровод,
На лежанке дремлет кот.

Тише, мыши, не шумите,
Кота Ваську не будите.

Вот проснётся Васька-кот,
Разобьёт весь хоровод.

Котик

Как у нашего кота
Шубка очень хороша,
Как у котика усы
Удивительной красы,
Глаза смелые,
Зубки белые.

* * *

Пошёл котик на торжок,
Купил котик пирожок,
Пошёл котик на улочку,
Купил котик булочку.
Самому ли есть,
Либо Бореньке снесть?
Я и сам укушу
Да и Бореньке снесу.

* * *

Раз лисичка в лес пошла
И грибов там набрала.
Не груздей и не опят,
Не волнушек, не маслят.
— Что несёшь, лиса, домой?
Что в корзинке лубяной?
— Восемь рыжиков-братишек —
Все для рыженьких детишек!

* * *

Лиса пó лесу гуляла,
Громко песни распевала,
Лиса лычки драла,
Лиса лапотки плела —
Мужу двое,
Себе трое
И детишкам
По лаптишкам.

* * *

Шла лисичка по мосту,
Несла вязанку хворосту.
Ей навстречу вышел ёж:
— Ты куда, лиса, идёшь?
— Я спешу к себе домой,
Я устрою пир горой.
Буду я гостей встречать,
Пирогами угощать!

* * *

Тень-тень-потетень,
Выше города плетень.
Сели звери на плетень,
Похвалялися весь день.
Похвалялася лиса:
— Уж какая я краса!
Похвалялся медведь:
— Могу песни я петь!
Похвалялися ежи:
— У нас шубки хороши!
Похвалялся зайка:
— Ну-ка, догоняй-ка!

* * *

Жил-был у бабушки
Серенький козлик.
   Вот как! Вот как!
   Серенький козлик!
Бабушка козлика
Очень любила.
   Вот как! Вот как!
   Очень любила!
Вздумалось козлику
В лес погуляти.

Вот как! Вот как!
В лес погуляти!
Напали на козлика
Серые волки.
Вот как! Вот как!
Серые волки!
Оставили бабушке
Рожки да ножки.
Вот как! Вот как!
Рожки да ножки.

* * *

Раз, два, три, четыре, пять!
Вышел зайчик погулять.
Вдруг охотник прибегает,
Из ружья в него стреляет…
Пиф-паф! Ой-ой-ой!
Умирает зайчик мой!

Стихи

А. Барто

Игрушки

Мишка

Уронили мишку на пол,
Оторвали мишке лапу.
Всё равно его не брошу —
Потому что он хороший.

Бычок

Идёт бычок, качается,
Вздыхает на ходу:
— Ох, доска кончается,
Сейчас я упаду!

Лошадка

Я люблю свою лошадку,
Причешу ей шёрстку гладко,
Гребешком приглажу хвостик
И верхом поеду в гости.

Слон

Спать пора! Уснул бычок,
Лёг в коробку на бочок.

Сонный мишка лёг в кровать,
Только слон не хочет спать.

Головой кивает слон,
Он слонихе шлёт поклон.

Самолёт

Самолёт построим сами,
Понесёмся над лесами.
Понесёмся над лесами,
А потом вернёмся к маме.

Грузовик

Нет, напрасно мы решили
Прокатить кота в машине:
Кот кататься не привык —
Опрокинул грузовик.

Кораблик

Матросская шапка,
Верёвка в руке,
Тяну я кораблик
По быстрой реке,
И скачут лягушки
За мной по пятам
И просят меня:
— Прокати, капитан!

Козлёнок

У меня живёт козлёнок,
Я сама его пасу.
Я козлёнка в сад зелёный
Рано утром отнесу.

Он заблудится в саду —
Я в траве его найду.

Зайка

Зайку бросила хозяйка —
Под дождём остался зайка.
Со скамейки слезть не мог,
Весь до ниточки промок.

Мячик

Наша Таня громко плачет:
Уронила в речку мячик.
— Тише, Танечка, не плачь:
Не утонет в речке мяч.

З. Александрова

Утром

Оля, Оля, Олюшка
Встанет раньше солнышка,
Встанет раньше солнышка,
Говорит как скворушка...

А когда поест, попьёт,
Как синичка запоёт,
Как воробышек поскачет,
Упадёт и не заплачет!

Вкусная каша

Каша из гречки,
Где варилась? В печке.

Сварилась, упрела,
Чтоб Оленька ела,
Кашу хвалила,
На всех разделила...

Досталось по ложке
Гусям на дорожке,
Цыплятам в лукошке,
Синицам в окошке.

Хватило по ложке
Собаке и кошке,
И Оля доела
Последние крошки!

Р. Кудашева

В лесу родилась ёлочка

В лесу родилась ёлочка,
В лесу она росла,
Зимой и летом стройная,
Зелёная была.

Метель ей пела песенку:
«Спи, ёлочка, бай-бай!»
Мороз снежком укутывал:
«Смотри не замерзай!»

Трусишка зайка серенький
Под ёлочкой скакал.
Порою волк, сердитый волк,
Рысцою пробегал.

Чу! Снег по лесу частому
Под полозом скрипит, —
Лошадка мохноногая
Торопится, бежит.

Везёт лошадка дровенки,
На дровнях старичок.
Срубил он нашу ёлочку
Под самый корешок.

И вот ты здесь, нарядная,
На праздник к нам пришла
И много-много радости
Детишкам принесла.

М. Пожарова

Заячья семья

Заюшка мохнатенький
В шубке пуховой
Прыгает заботливо
По траве лесной.

А зайчиха рыжая,
С беленьким брюшком,
Прилегла с зайчатами
Под большим кустом.

В дружбе с длинноухими
Старый ёж-иглун,
Белка златошёрстная,
Чижик-щебетун.

Заинька с зайчихою
Ждут к себе гостей.
Чистенько пригладили
Мордочки детей.

«Детушки любимые,
Сядьте напоказ!
Ушками захлопайте
Дружно все зараз.

Барабаньте лапками
По лесным корням,
Поклонитесь вежливо
Дорогим гостям».

Важно скажет заюшка:
«Вот как я богат!
У меня под кустиком
Пятеро зайчат».

Корней Чуковский

Бутерброд

Как у наших ворот
За горою
Жил да был бутерброд
С колбасою.

Захотелось ему
Прогуляться,
По траве-мураве
Поваляться.

И сманил он с собой
На прогулку
Краснощёкую сдобную
Булку.

Но чайные чашки в печали,
Стуча и бренча, закричали:
«Бутерброд,
Сумасброд,
Не ходи из ворот,
А пойдёшь —
Пропадёшь,
Муре в рот попадёшь!

Муре в рот,
Муре в рот,
Муре в рот
Попадёшь!»

Ёжики смеются

У канавки
Две козявки
Продают ежам булавки.

А ежи-то хохотать!
Всё не могут перестать:
«Эх вы, глупые козявки!
Нам не надобны булавки:
Мы булавками сами утыканы».

Закаляка

Дали Мурочке тетрадь,
Стала Мура рисовать.

«Это — ёлочка мохнатая.
Это — козочка рогатая.
Это — дядя с бородой.
Это — дом с трубой».

«Ну, а это что такое,
Непонятное, чудное,
С десятью ногами,
С десятью рогами?»

«Это Бяка-Закаляка
        Кусачая,
Я сама из головы её выдумала».

«Что ж ты бросила тетрадь,
Перестала рисовать?»

«Я её боюсь!»

Бебека

Взял барашек
Карандашик,
Взял и написал:
«Я — Бебека,
Я — Мемека,
Я медведя
Забодал!»

Испугалися зверюги,
Разбежалися в испуге.

А лягушка у болотца
Заливается, смеётся:
«Вот так молодцы!»

Поросёнок

Полосатые котята
Ползают, пищат.
Любит, любит наша Тата
Маленьких котят.

Но всего милее Татеньке
Не котёнок полосатенький,
Не утёнок,
Не цыплёнок,
А курносый поросёнок.

Д. Хармс

Весёлый старичок

Жил на свете старичок
Маленького роста,
И смеялся старичок
Чрезвычайно просто:

«Ха-ха-ха
Да хе-хе-хе,
Хи-хи-хи
Да бух-бух!
Бу-бу-бу
Да бе-бе-бе,
Динь-динь-динь
Да трюх-трюх!»

Раз, увидя паука,
Страшно испугался,
Но, схватившись за бока,
Громко рассмеялся:

«Хи-хи-хи
Да ха-ха-ха,
Хо-хо-хо
Да гуль-гуль!
Ги-ги-ги
Да га-га-га,
Го-го-го
Да буль-буль!»

А увидя стрекозу,
Страшно рассердился,
Но от смеха на траву
Так и повалился:

«Гы-гы-гы
Да гу-гу-гу,
Го-го-го
Да бах-бах!
Ой, ребята,
Не могу!
Ой, ребята,
Ах, ах!»

Кошки

Однажды по дорожке
Я шёл к себе домой.
Смотрю и вижу: кошки
Сидят ко мне спиной.

Я крикнул: — Эй, вы, кошки!
Пойдёмте-ка со мной,
Пойдёмте по дорожке,
Пойдёмте-ка домой.

Скорей пойдёмте, кошки,
А я вам на обед
Из лука и картошки
Устрою винегрет.

— Ах нет! — сказали кошки. —
Останемся мы тут! —
Уселись на дорожке
И дальше не идут.

Удивительная кошка

Несчастная кошка порезала лапу,
Сидит и ни шагу не может ступить.

Скорей, чтобы вылечить кошкину лапу,
Воздушные шарики надо купить!

И сразу столпился народ на дороге,
Шумит, и кричит, и на кошку глядит.

А кошка отчасти идёт по дороге,
Отчасти по воздуху плавно летит!

Кораблик

По реке плывёт кораблик,
Он плывёт издалека.
На кораблике четыре
Очень храбрых моряка.

У них ушки на макушке,
У них длинные хвосты,
И страшны им только кошки,
Только кошки да коты!

Колыбельные песенки

В. Брюсов

Колыбельная

Спи, мой мальчик! Птицы спят;
Накормили львицы львят;
Прислонясь к дубам, заснули
В роще робкие косули;
Дремлют рыбы под водой;
Почивает сом седой.

Только волки, только совы
По ночам гулять готовы,
Рыщут, ищут, где украсть,
Разевают клюв и пасть.
Ты не бойся, здесь кроватка,
Спи, мой мальчик, мирно, сладко.

Спи, как рыбы, птицы, львы,
Как жучки в кустах травы,
Как в берлогах, норах, гнёздах
Звери, лёгшие на роздых…
Вой волков и крики сов,
Не тревожьте детских снов!

А. Фет

* * *

Кот поёт, глаза прищуря;
Мальчик дремлет на ковре.
На дворе играет буря,
Ветер свищет на дворе…

«Полно тут тебе валяться —
Спрячь игрушки да вставай!
Подойди ко мне прощаться
Да и спать себе ступай».

Мальчик встал. А кот глазами
Поводил и всё поёт;
В окна снег валит клоками,
Буря свищет у ворот.

Серенада

Тихо вечер догорает,
   Горы золотя;
Знойный воздух холодает, —
   Спи, моё дитя!

Соловьи давно запели,
   Сумрак возвестя;
Струны робко зазвенели, —
   Спи, моё дитя!

Смотрят ангельские очи,
   Трепетно светя;
Так легко дыханье ночи, —
   Спи, моё дитя!

Р. Кудашева

Колыбельная песня

Наступает ночка,
Время знаю я…
Спи, малютка-дочка,
Куколка моя!

Звёздочки в окошке
Чуть горят сквозь тьму…
Дай разую ножки,
Туфельки сниму.

Чуть мурлычет котик,
Хочет спать и сам…
Дай сниму капотик,
Кофточку подам.

Не видать Барбоски,
Сколько ни гляжу…
Дай тебе волоски
Ленточкой свяжу…

Птички спят, цветочки —
Все в глубоком сне…
Спи, малютка-дочка, —
Спать пора и мне!..

А. Майков

Колыбельная песня

Спи, дитя моё, усни!
Сладкий сон к себе мани:
В няньки я тебе взяла
Ветер, солнце и орла.

Улетел орёл домой;
Солнце скрылось под водой;
Ветер, после трёх ночей,
Мчится к матери своей.

Ветра спрашивает мать:
«Где изволил пропадать?
Али звёзды воевал?
Али волны всё гонял?»

«Не гонял я волн морских,
Звёзд не трогал золотых;
Я дитя оберегал,
Колыбелечку качал!»

Д. Минаев

Спи, дитя

Поздно. Свечка догорела…
   Сладко до утра
Спи, дитя, закрывши глазки…
   Спать давно пора.

В небе звёзды льют сиянье
   Чище серебра…
Спи, дитя, закрывши глазки…
   Спать давно пора.

И. Бунин

Звёздная ночь

Звёзды на небе зажглись,
Час полночный недалёк…
«Звёзды на небе зажглись», —
Тихо шепчет ручеёк.

От травы и от цветов
Ароматы понеслись…
Ветер веет меж кустов:
«Звёзды на небе зажглись».

Ночь царит в немых полях,
И поля, и нивы спят, —
Звёзды в тёмных небесах
Тихий сон их сторожат…

Г. Галина

Колыбельная песня

Котик песенку поёт
В уголке у печки…
Мой сыночек спать идёт,
Догорели свечки.

Котик песенку поёт,
Ждёт сынка кроватка!
Скоро мальчик мой уснёт
На кроватке сладко.

Ночка тёмная уйдёт;
Снова утро будет…
Котик песню допоёт,
Котик нас разбудит…

Выйдет солнышко опять,
В окна к нам заглянет…
И сыночек мой гулять
Собираться станет!

А. Плещеев

* * *

Огни погасли в доме,
И всё затихло в нём;
В своих кроватках детки
Заснули сладким сном.

С небес далёких кротко
Глядит на них луна;
Вся комната сияньем
Её озарена.

Глядят из сада ветки
Берёз и тополей
И шепчут: «Охраняем
Мы тихий сон детей;

Пусть радостные снятся
Всю ночь малюткам сны,
Чудесные виденья
Из сказочной страны.

Когда ж безмолвной ночи
На смену день придёт,
Их грёзы песня птички
Весёлая прервёт…

Цветы, как братьям милым,
Привет пошлют им свой,
Головками кивая,
Блестящими росой…»

Я. Аким

Тихая песня

Баю-баю-баиньки,
Спи, сыночек маленький.

Всё уснуло до зари.
Спят на ветках снегири.
Спят в озёрах утки,
Синенькие грудки.

Спят на небе облака,
Золочёные бока.
В тучу солнышко ушло —
На ночь в косы заплело
Чистые, лучистые
Нити золотистые.

В тихой речке видит сон
Старый сом, усатый сом…

Баю-баю-баиньки,
Засыпай, мой маленький.

Г. Сапгир

Тихий час

Тихо, тихо, тихо, тихо,
Не шумите.
Спит Ежиха.
Как колючие клубочки,
Рядом спят
Её сыночки.

Не скрипите. Тише, тише.
В тёмной норке
Дремлют мыши.
Из-за этой темноты
Мыши спутали хвосты.

Не кричите слишком громко.
Тише надо говорить.
Еле-еле медвежонка
Удалось угомонить.

Не стучите каблуками,
Закрывайте тише дверь.
Дождик спит за облаками,
Даже речка спит теперь.

Телевизор не включайте,
На воде уснули чайки.
В гости к нам пришёл сейчас
Тихий час.
Тихий час.

С. Свириденко

Колыбельная

Спи, моя радость, усни!
В доме погасли огни,
Пчёлки затихли в саду,
Рыбки уснули в пруду.
Месяц на небе блестит,
Месяц в окошко глядит…
Глазки скорее сомкни,
Спи, моя радость, усни!
Усни, усни!

В доме всё стихло давно,
В погребе, в кухне темно,
Дверь ни одна не скрипит,
Мышка за печкою спит.
Кто-то вздохнул за стеной…
Что нам за дело, родной?
Глазки скорее сомкни,
Спи, моя радость, усни!
Усни, усни!

Сказки

Колобок

Жили-были старик со старухой. Вот и просит старик:

— Испеки мне, старая, колобок.

— Да из чего испечь-то? Муки нет.

— Эх, старуха! По амбару помети, по сусечкам поскреби — вот и наберётся.

Старушка так и сделала: намела, наскребла горсти две муки, замесила тесто на сметане, скатала колобок, изжарила его в масле и положила на окно простынуть.

Надоело колобку лежать: он и покатился с окна на лавку, с лавки на пол — да к двери, прыг через порог в

сени, из сеней на крыльцо, с крыльца на двор, а там и за ворота, дальше и дальше.

Катится колобок по дороге, а навстречу ему заяц:

— Колобок, колобок! Я тебя съем!

— Нет, не ешь меня, косой, а лучше послушай, какую я тебе песенку спою.

Заяц уши поднял, а колобок запел:

— Я колобок, колобок!
По амбару метён,
По сусечкам скребён,
На сметане мешён,
В печку сажён,
На окошке стужён.
Я от дедушки ушёл,
Я от бабушки ушёл,
От тебя, зайца, не хитро уйти!

И покатился колобок дальше — только его заяц и видел.

Катится колобок по тропинке в лесу, а навстречу ему серый волк:

— Колобок, колобок! Я тебя съем.

— Не ешь меня, серый волк, я тебе песенку спою.

И колобок запел:

— Я колобок, колобок!
По амбару метён,
По сусечкам скребён,
На сметане мешён,
В печку сажён,
На окошке стужён.
Я от дедушки ушёл,
Я от бабушки ушёл,
Я от зайца ушёл,
От тебя, волка, не хитро уйти!

Покатился колобок дальше — только его волк и видел.

Катится колобок по лесу, а навстречу ему медведь идёт, хворост ломает, кусты к земле гнёт.

— Колобок, колобок! Я тебя съем.

— Ну где тебе, косолапому, съесть меня! Послушай лучше мою песенку.

Колобок запел, а Миша и уши развесил.

— Я колобок, колобок!
По амбару метён,
По сусечкам скребён,
На сметане мешён,
В печку сажён,
На окошке стужён.
Я от дедушки ушёл,
Я от бабушки ушёл,
Я от зайца ушёл,
Я от волка ушёл,
От тебя, медведь, полгоря уйти.

И покатился колобок дальше — медведь только вслед ему посмотрел.

Катится колобок, а навстречу ему лиса:

— Здравствуй, колобок! Какой ты пригоженький, румяненький!

Колобок рад, что его похвалили, и запел свою песенку. А лиса слушает да всё ближе подкрадывается.

— Я колобок, колобок!
По амбару метён,
По сусечкам скребён,
На сметане мешён,
В печку сажён,
На окошке стужён.
Я от дедушки ушёл,
Я от бабушки ушёл,
Я от зайца ушёл,
Я от волка ушёл,
От медведя ушёл,
От тебя, лиса, не хитро уйти.

— Славная песенка! — сказала лиса. — Да то беда, голубчик, что я стара стала — плохо слышу. Сядь ко мне на мордочку да пропой ещё разочек.

Колобок обрадовался, что его песенку похвалили, прыгнул лисе на морду да и запел:

— Я колобок, колобок!..

А лиса его — гам! — и съела.

Теремок

Стоит в поле теремок. Бежит мимо мышка-норушка. Увидела теремок, остановилась и спрашивает:

— Терем-теремок! Кто в тереме живёт?

Никто не отзывается.

Вошла мышка в теремок и стала в нём жить.

Прискакала к терему лягушка-квакушка и спрашивает:

— Терем-теремок! Кто в тереме живёт?

— Я, мышка-норушка! А ты кто?

— Я лягушка-квакушка.

— Иди ко мне жить!

Лягушка прыгнула в теремок.

Стали они вдвоём жить.

Бежит мимо зайчик-побегайчик. Остановился и спрашивает:

— Терем-теремок! Кто в тереме живёт?

— Я, мышка-норушка!

— Я, лягушка-квакушка. А ты кто?

— А я зайчик-побегайчик.

— Иди к нам жить!

Заяц скок в теремок. Стали они втроём жить.

Идёт лисичка-сестричка.

Постучала в окошко и спрашивает:

— Терем-теремок! Кто в тереме живёт?
— Я, мышка-норушка!
— Я, лягушка-квакушка.
— Я, зайчик-побегайчик. А ты кто?
— А я лисичка-сестричка.
— Иди к нам жить!

Забралась лисичка в теремок. Стали они вчетвером жить.

Прибежал волчок — серый бочок, заглянул в дверь и спрашивает:

— Терем-теремок! Кто в тереме живёт?

— Я, мышка-норушка!

— Я, лягушка-квакушка.

— Я, зайчик-побегайчик.

— Я, лисичка-сестричка. А ты кто?

— А я волчок — серый бочок.

— Иди к нам жить!

Волк и влез в теремок. Стали они впятером жить.

Вот они все в теремке живут, песни поют.

Вдруг идёт мимо медведь косолапый. Увидел медведь теремок, услыхал песни, остановился и заревел во всю мочь:

— Терем-теремок! Кто в тереме живёт?

— Я, мышка-норушка!

— Я, лягушка-квакушка.

— Я, зайчик-побегайчик.

— Я, лисичка-сестричка.

— Я, волчок — серый бочок. А ты кто?

— А я медведь косолапый.

— Иди к нам жить!

Медведь полез в теремок.

Лез-лез, лез-лез — никак не мог влезть и говорит:

— Я лучше у вас на крыше буду жить.

— Да ты нас раздавишь!

— Нет, не раздавлю.

— Ну так полезай!

Влез медведь на крышу.

Только уселся — трах! — раздавил теремок.

Затрещал теремок, упал набок и весь развалился.

Еле-еле успели из него выскочить: мышка-норушка, лягушка-квакушка, зайчик-побегайчик, лисичка-сестричка, волчок — серый бочок — все целы и невредимы.

Принялись они брёвна носить, доски пилить — новый теремок строить.

Лучше прежнего выстроили!

Волк и козлята

Жила-была коза с козлятами. Уходила коза в лес есть траву шелковую, пить воду студёную. Как только уйдёт, козлятки запрут избушку и сами никуда не выходят. Воротится коза, постучится в дверь и запоёт:

— Козлятушки, ребятушки!
Отопритеся, отворитеся!
Ваша мать пришла — молока принесла.
Бежит молоко по вымечку,
Из вымечка — по копытечку,
Из копытечка — во сыру землю!

Козлятки отопрут дверь и впустят мать. Она их покормит, напоит и опять уйдёт в лес, а козлята запрутся крепко-накрепко.

Волк подслушал, как поёт коза. Вот раз коза ушла, волк побежал к избушке и закричал толстым голосом:

— Вы, детушки!
Вы, козлятушки!
Отопритеся,
Отворитеся,
Ваша мать пришла —
Молока принесла.
Полны копытцы водицы!

Козлята ему отвечают:

— Слышим, слышим, да не матушкин это голосок! Наша матушка поёт тонюсеньким голосом и не так причитывает.

Волку делать нечего. Пошёл он в кузницу и велел себе горло перековать, чтоб петь тонюсеньким голосом. Кузнец ему горло перековал. Волк опять побежал к избушке и спрятался за куст.

Вот приходит коза и стучится:

— Козлятушки, ребятушки!
Отопритеся, отворитеся!
Ваша мать пришла — молока принесла.
Бежит молоко по вымечку,
Из вымечка — по копытечку,
Из копытечка — во сыру землю!

Козлята впустили мать и давай рассказывать, как приходил волк, хотел их съесть.

Коза накормила, напоила козлят и строго-настрого заказала:

— Кто придёт к избушечке, станет проситься толстым голосом да не переберёт всего, что я вам причитываю, дверь не отворяйте, никого не впускайте.

Только ушла коза — волк опять шасть к избушке, постучался и начал причитывать тонюсеньким голосом:

— Козлятушки, ребятушки!
Отопритеся, отворитеся!
Ваша мать пришла — молока принесла.
Бежит молоко по вымечку,
Из вымечка — по копытечку,
Из копытечка — во сыру землю!

Козлята отворили дверь, волк кинулся в избу и всех козлят съел. Только один козлёночек схоронился в печке.

Приходит коза. Сколько ни звала, ни причитывала — никто ей не отвечает. Видит — дверь отворена. Вбежала в избушку — там нет никого. Заглянула в печь и нашла одного козлёночка.

Как узнала коза о своей беде, как села она на лавку — начала горевать, горько плакать:

— Ох вы детушки мои, козлятушки!
На что отпиралися-отворялися,
Злому волку доставалися?

Услыхал это волк, входит в избушку и говорит козе:

— Что ты на меня грешишь, кума? Не я твоих козлят съел. Полно горевать, пойдём лучше в лес, погуляем.

Пошли они в лес, а в лесу была яма, а в яме костёр горел.

Коза и говорит волку:

— Давай, волк, попробуем, кто перепрыгнет через яму?

Стали они прыгать. Коза перепрыгнула, а волк прыгнул да и ввалился в горячую яму.

Брюхо у него от огня лопнуло, козлята оттуда выскочили, все живые, да прыг к матери! И стали они жить-поживать по-прежнему.

Петушок и бобовое зёрнышко

Жили-были петушок и курочка. Петушок всё торопился, всё торопился, а курочка знай себе приговаривает:

— Петя, не торопись, Петя, не торопись.

Клевал как-то петушок бобовые зёрнышки да второпях и подавился.

Подавился, не дышит, не слышит, словно мёртвый лежит.

Перепугалась курочка, бросилась к хозяйке, кричит:

— Ох, хозяюшка, дай скорее маслица, петушку горлышко смазать: подавился петушок бобовым зёрнышком.

— Беги скорей к коровушке, проси у неё молока, а я ужо собью маслица.

Бросилась курочка к корове:

— Коровушка, голубушка, дай скорей молока, из молока хозяюшка собьёт маслица, маслицем смажу петушку горлышко: подавился петушок бобовым зёрнышком.

— Ступай скорей к хозяину. Пусть он принесёт мне свежей травы.

Бежит курочка к хозяину:

— Хозяин, хозяин! Дай скорей коровушке свежей травы, коровушка даст молочка, из молочка хозяюшка собьёт маслица, маслицем я смажу петушку горлышко: подавился петушок бобовым зёрнышком.

— Беги скорей к кузнецу за косой.

Со всех ног бросилась курочка к кузнецу:

— Кузнец, кузнец, дай скорей хозяину хорошую косу. Хозяин даст коровушке травы, коровушка даст молока, хозяюшка даст мне маслица, я смажу петушку горлышко: подавился петушок бобовым зёрнышком.

Кузнец дал хозяину новую косу, хозяин дал коровушке свежей травы, коровушка дала молока, хозяюшка сбила масло, дала маслице курочке.

Смазала курочка петушку горлышко. Бобовое зёрнышко проскочило. Петушок вскочил и во всё горло закричал: «Ку-ка-ре-ку!»

Л. Н. Толстой

Три медведя

Одна девочка ушла из дома в лес. В лесу она заблудилась и стала искать дорогу домой, да не нашла, а пришла в лесу к домику.

Дверь была отворена; она посмотрела в дверь, видит — в домике никого нет, и вошла.

В домике этом жили три медведя. Один медведь был отец, звали его Михаил Иваныч. Он был большой и лохматый. Другой была медведица. Она была поменьше, и звали её Настасья Петровна. Третий был маленький медвежонок, и звали его Мишутка.

Медведей не было дома, они ушли гулять по лесу.

В доме было две комнаты: одна столовая, другая спальня. Девочка вошла в столовую и увидела на

столе три чашки с похлёбкой. Первая чашка, очень большая, была Михайлы Иванычева. Вторая чашка, поменьше, была Настасьи Петровнина; третья, синенькая чашечка, была Мишуткина. Подле каждой чашки лежала ложка: большая, средняя и маленькая.

Девочка взяла самую большую ложку и похлебала из самой большой чашки; потом взяла среднюю ложку и похлебала из средней чашки; потом взяла маленькую ложечку и похлебала из синенькой чашечки; и Мишуткина похлёбка ей показалась лучше всех.

Девочка захотела сесть и видит у стола три стула: один большой — Михайлы Иваныча, другой поменьше — Настасьи Петровнин, и третий маленький, с синенькой подушечкой, — Мишуткин. Она полезла на большой стул и упала; потом села на средний стул — на нём было неловко; потом села на маленький стульчик и засмеялась — так было хорошо. Она взяла синенькую чашечку на колени и стала есть. Поела всю похлёбку и стала качаться на стуле.

Стульчик проломился, и она упала на пол. Она встала, подняла стульчик и пошла в другую горницу.

Там стояли три кровати: одна большая — Михайлы Иванычева, другая средняя — Настасьи Петровнина, а третья маленькая — Мишенькина. Девочка легла в большую — ей было слишком просторно; легла в среднюю — было слишком высоко, легла в маленькую — кроватка пришлась ей как раз впору, и она заснула.

А медведи пришли домой голодные и захотели обедать. Большой медведь взял свою чашку, взглянул и заревел страшным голосом:

— КТО ХЛЕБАЛ В МОЕЙ ЧАШКЕ?

Настасья Петровна посмотрела свою чашку и зарычала не так громко:

— КТО ХЛЕБАЛ В МОЕЙ ЧАШКЕ?

А Мишутка увидел свою пустую чашечку и запищал тонким голосом:

— КТО ХЛЕБАЛ В МОЕЙ ЧАШКЕ И ВСЁ ВЫХЛЕБАЛ?

Михайло Иваныч взглянул на свой стул и зарычал страшным голосом:

— КТО СИДЕЛ НА МОЁМ СТУЛЕ И СДВИНУЛ ЕГО С МЕСТА?

Настасья Петровна взглянула на свой стул и зарычала не так громко:

— КТО СИДЕЛ НА МОЁМ СТУЛЕ И СДВИНУЛ ЕГО С МЕСТА?

Мишутка взглянул на свой сломанный стульчик и пропищал:

— КТО СИДЕЛ НА МОЁМ СТУЛЕ И СЛОМАЛ ЕГО?

Медведи пришли в другую горницу.

— КТО ЛОЖИЛСЯ В МОЮ ПОСТЕЛЬ И СМЯЛ ЕЁ? — заревел Михайло Иваныч страшным голосом.

— КТО ЛОЖИЛСЯ В МОЮ ПОСТЕЛЬ И СМЯЛ ЕЁ? — зарычала Настасья Петровна не так громко.

А Мишенька подставил скамеечку, полез в свою кроватку и запищал тонким голосом:

— КТО ЛОЖИЛСЯ В МОЮ ПОСТЕЛЬ?

И вдруг он увидел девочку и завизжал так, как будто его режут:

— ВОТ ОНА! ДЕРЖИ, ДЕРЖИ! ВОТ ОНА! АЙ-Я-ЯЙ! ДЕРЖИ!

Он хотел её укусить.

Девочка открыла глаза, увидела медведей и бросилась к окну. Окно было открыто, она выскочила в окно и убежала. И медведи не догнали её.

Маша и медведь

Жили-были дедушка да бабушка. Была у них внучка Машенька.

Собрались раз подружки в лес по грибы да по ягоды. Пришли звать с собой и Машеньку.

— Дедушка, бабушка, — говорит Машенька, — отпустите меня в лес с подружками!

Дедушка с бабушкой отвечают:

— Иди, только смотри от подружек не отставай, не то заблудишься.

Пришли девушки в лес, стали собирать грибы да ягоды. Вот Машенька — деревце за деревце, кустик за кустик — и ушла далеко-далеко от подружек.

Стала она аукаться, стала их звать, а подружки не слышат, не отзываются.

Ходила, ходила Машенька по лесу — совсем заблудилась.

Пришла она в самую глушь, в самую чащу. Видит — стоит избушка. Постучала Машенька в дверь — не отвечают. Толкнула она дверь — дверь и открылась.

Вошла Машенька в избушку, села у окна на лавочку. Села и думает: «Кто же здесь живёт? Почему никого не видно?..»

А в той избушке жил большущий медведь. Только его тогда дома не было: он по лесу ходил.

Вернулся вечером медведь, увидел Машеньку, обрадовался.

— Ага, — говорит, — теперь не отпущу тебя! Будешь у меня жить. Будешь печку топить, будешь кашу варить, меня кашей кормить.

Потужила Маша, погоревала, да ничего не поделаешь. Стала она жить у медведя в избушке.

Медведь на целый день уйдёт в лес, а Машеньке наказывает никуда без него из избушки не выходить.

— А если уйдёшь, — говорит, — всё равно поймаю и тогда уж съем!

Стала Машенька думать, как ей от медведя убежать. Кругом лес, в какую сторону идти — не знает, спросить не у кого…

Думала она, думала и придумала.

Приходит раз медведь из лесу, а Машенька и говорит ему:

— Медведь, медведь, отпусти меня на денёк в деревню: я бабушке да дедушке гостинцев снесу.

— Нет, — говорит медведь, — ты в лесу заблудишься. Давай гостинцы, я их сам отнесу.

А Машеньке того и надо!

Напекла она пирожков, достала большой-пребольшой короб и говорит медведю:

— Вот, смотри: я в этот короб положу пирожки, а ты отнеси их дедушке да бабушке. Да помни: короб по дороге не открывай, пирожки не вынимай. Я на дубок влезу, за тобой следить буду!

— Ладно, — отвечает медведь, — давай короб!

Машенька говорит:

— Выйди на крылечко, посмотри, не идёт ли дождик!

Только медведь вышел на крылечко, Машенька сейчас же залезла в короб, а на голову себе блюдо с пирожками поставила.

Вернулся медведь, видит — короб готов. Взвалил его на спину и пошёл в деревню.

Идёт медведь между ёлками, бредёт медведь между берёзками, в овражки спускается, на пригорки поднимается. Шёл-шёл, устал и говорит:

— Сяду на пенёк,
Съем пирожок!

А Машенька из короба:

— Вижу, вижу!
Не садись на пенёк,
Не ешь пирожок!
Неси бабушке,
Неси дедушке!

— Ишь какая глазастая, — говорит медведь, — всё видит!

Поднял он короб и пошёл дальше. Шёл-шёл, шёл-шёл, остановился, сел и говорит:

— Сяду на пенёк,
Съем пирожок!

А Машенька из короба опять:

— Вижу, вижу!
Не садись на пенёк,
Не ешь пирожок!
Неси бабушке,
Неси дедушке!

Удивился медведь:

— Вот какая хитрая! Высоко сидит, далеко глядит!

Встал и пошёл скорее.

Пришёл в деревню, нашёл дом, где дедушка с бабушкой жили, и давай изо всех сил стучать в ворота:

— Тук-тук-тук! Отпирайте, открывайте! Я вам от Машеньки гостинцев принёс.

А собаки почуяли медведя и бросились на него. Со всех дворов бегут, лают.

Испугался медведь, поставил короб у ворот и пустился в лес без оглядки.

Вышли тут дедушка да бабушка к воротам. Видят — короб стоит.

— Что это в коробе? — говорит бабушка.

А дедушка поднял крышку, смотрит — и глазам своим не верит: в коробе Машенька сидит, живёхонька и здоровёхонька.

Обрадовались дедушка да бабушка. Стали Машеньку обнимать, целовать, умницей называть.

Содержание

Потешки

Сорока-белобока *(В обработке М. Булатова)* 4
«Идёт коза рогатая…» *(В обработке П. Шейна)* 5
«Дождик-дождик…» *(В обработке О. Капицы)* 6
«Огуречик, огуречик!..» *(В обработке М. Булатова)* 7
«Ладушки, ладушки!..» *(Из сборника П. Бессонова)* 8
«Петушок, петушок…» *(В обработке К. Ушинского)* 9
«Люли, люлюшки, люли…» *(В обработке П. Шейна)* 10
«Водичка, водичка…» *(В обработке И. Карнауховой)* 11
«Пальчик-мальчик, где ты был?..» *(В обработке Н. Колпаковой)* 11
«Кисонька-мурысенька…» *(В обработке О. Капицы)* 12
Тили-бом! Тили-бом! *(В обработке М. Булатова)* 13
Заинька *(В обработке О. Капицы)* 14
«Сидит белка на тележке…» *(В обработке И. Карнауховой)* 15
Дедушка Егор *(В обработке М. Булатова)* 16
«Стучит, бренчит по улице…» *(В обработке П. Шейна)* 17
«А барашеньки…» *(В обработке П. Шейна)* 18
Гуси *(В обработке М. Булатова)* 19
«Наши уточки с утра…» *(В обработке О. Капицы)* 20
Мыши *(В обработке А. Кудряшовой)* 21
Котик *(В обработке М. Булатова)* 22
«Пошёл котик на торжок…» *(В обработке О. Капицы)* 23
«Раз лисичка в лес пошла…» 24
«Лиса по лесу гуляла…» *(В обработке М. Булатова)* 25
«Шла лисичка по мосту…» 26
«Тень-тень-потетень…» 27
«Жил-был у бабушки серенький козлик…» *(Из сборника К. Ушинского)* 28
«Раз, два, три, четыре, пять!..» *(Ф. Миллер)* 30

Стихи

А. Барто. ИГРУШКИ
Мишка 32
Бычок 33
Лошадка 33
Слон 34
Самолёт 35
Грузовик 36

Кораблик . . . 37
Козлёнок . . . 38
Зайка . . . 38
Мячик . . . 39
З. Александрова. Утром . . . 40
Вкусная каша . . . 41
Р. Кудашева. В лесу родилась ёлочка . . . 42
М. Пожарова. Заячья семья . . . 44
Корней Чуковский. Бутерброд . . . 46
Ёжики смеются . . . 48
Закаляка . . . 49
Бебека . . . 50
Поросёнок . . . 51
Д. Хармс. Весёлый старичок . . . 52
Кошки . . . 54
Удивительная кошка . . . 55
Кораблик . . . 56

Колыбельные песенки

В. Брюсов. Колыбельная . . . 58
А. Фет. «Кот поёт, глаза прищуря...» . . . 60
Серенада . . . 61
Р. Кудашева. Колыбельная песня . . . 62
А. Майков. Колыбельная песня . . . 64
Д. Минаев. Спи, дитя . . . 66
И. Бунин. Звёздная ночь . . . 67
Г. Галина. Колыбельная песня . . . 69
А. Плещеев. «Огни погасли в доме...» . . . 70
Я. Аким. Тихая песня . . . 72
Г. Сапгир. Тихий час . . . 74
С. Свириденко. Колыбельная . . . 76

Сказки

Колобок *(В обработке К. Ушинского)* . . . 78
Теремок *(В обработке М. Булатова)* . . . 84
Волк и козлята *(В обработке А. Н. Толстого)* . . . 92
Петушок и бобовое зёрнышко *(В обработке О. Капицы)* . . . 100
Л. Н. Толстой. Три медведя . . . 108
Маша и медведь *(В обработке М. Булатова)* . . . 118

Литературно-художественное издание

Для детей до трех лет
Серия «Все лучшие сказки»

ЛЮБИМАЯ КНИГА МАЛЫШЕЙ

Потешки, стихи,
колыбельные песенки, сказки

Художник В. КОРКИН

Дизайн обложки Т. С. МУДРАК

Художественный редактор О. В. КУЛИКОВА
Технический редактор Е. О. ЛУНЕВА
Корректор Л. А. ЛАЗАРЕВА
Верстка А. А. КОМАРОВСКОГО

Подписано в печать 15.03.17. Формат 84×108 1/16.
Печать офсетная. Усл. печ. л. 13,44. ID 15612. Заказ № 1261.

ООО «РОСМЭН».
Почтовый адрес: 127018, г. Москва, ул. Октябрьская, д. 4, корп. 2. Тел.: (495) 933-71-30.
Юридический адрес: 117465, г. Москва, ул. Генерала Тюленева, д. 29, корп. 1.

Наши клиенты и оптовые покупатели могут оформить заказ, получить опережающую информацию о планах выхода изданий и перспективных проектах в Интернете по адресу: ***www.rosman.ru***

ОТДЕЛ ПРОДАЖ:
(495) 933-70-73; 933-71-30;
(495) 933-70-75 (факс).

ЕАС

Дата изготовления: апрель 2017 г.
Отпечатано в России.

В соответствии с Федеральным законом № 436-ФЗ
от 29 декабря 2010 года маркируется знаком 0+

Отпечатано с электронных носителей издательства.
ОАО «Тверской полиграфический комбинат».
170024, г. Тверь, пр-т Ленина, 5.

Л93 **Любимая книга малышей** : потешки, стихи, колыбельные песенки, сказки / М. Булатов, О. Капица, К. Ушинский. — М. : РОСМЭН, 2017. — 128 с. : ил. — (Все лучшие сказки).

В книгу вошли народные потешки, сказки, колыбельные песенки, стихи лучших русских поэтов. Произведения адресованы малышам от года до трех лет.

ISBN 978-5-353-05711-6

УДК 821.161.1-34-1-93
ББК 84(2Рос=Рус)